AF261612

SECONDE ET DERNIÈRE

MASSÉNAIRE.

SECONDE ET DERNIÈRE

MASSÉNAIRE,

Servant de réplique au Mémoire justificatif du

PRINCE D'ESSLING

MARÉCHAL MASSÉNA.

———

MARSEILLE,

Chez Antoine RICARD, Imprimeur du Roi et de
la Ville, rue Paradis, n.° 31.

1816.

.. Cette seconde Masséuaire, écrite depuis deux mois, était condamnée à ne pas voir le jour, et par des raisons dont il est inutile de rendre compte au public. On la livre aujourd'hui à l'impression, afin de prouver aux apologistes du Maréchal Masséna, qu'ils auraient tort de vouloir tirer avantage de ce silence généreux, ainsi qu'ils en ont laissé voir le dessein....

SECONDE ET DERNIÈRE

MASSÉNAIRE.

Il est donc vrai : le zèle imprudent des amis du Prince d'Essling a triomphé de toute la sagacité de MASSÉNA !.. Il a donc cédé le *vieux maréchal*, au fol espoir de pallier une trahison aussi manifeste; il a pu songer à déguiser les détails d'une conduite qui fut observée, dans ses moindres circonstances, par cent mille témoins intéressés à la connaître; et enfin, il a osé se flatter de faire voir à l'Europe entière attentive, seulement quelques ennemis jaloux de ses vains honneurs et de ses trésors, là où paraissent, là où parlent TANT D'ACCUSATEURS impartiaux, et certes dépouillés de toute jalousie !.....

Un salutaire remords et le silence, peuvent ouvrir un dernier asile au plus grand criminel ; on cesse volontiers de poursuivre celui qui renonce à se défendre ; et il ne serait pas généreux de frapper une tête abaissée devant les premiers coups. Ah ! dans la fragilité de nos douteuses vertus, hommes, il nous convient, il nous sied sans doute, de garder un sentiment de commisération pour l'homme même dont nous détestons le forfait...

Mais, qu'un GRAND COUPABLE à l'abri d'une voûte de lauriers qui tombe en ruines, élève une voix audacieuse ! Qu'il insulte à ses nombreux accusateurs ! Qu'il mente à toute la terre ; et, environné qu'il se voit des preuves irrécusables de la perfidie qu'on lui reproche, et tout couvert de sa honte récente, qu'il demande fièrement le prix réservé à la fidélité !... Alors l'ame la plus tranquille s'émeut, le cœur le plus indulgent s'arme d'inflexibilité..... Oui , l'orgueil du crime est plus odieux et plus révoltant que le crime lui-même....

En vain Masséna mutile les faits ; en vain il invoque et tourmente le temps et l'espace !... qu'il promène tant qu'il voudra la patience de ses lecteurs, de Cannes à Sisteron, et de Sisteron à Marseille. Il ne trouvera point, il ne fera jamais voir, sur cette double route, des traces expressives d'une innocence qu'il n'y porta pas. Depuis long-temps elle avait péri , cette innocence d'un jour; et sa trahison était préparée, quand l'usurpateur fut ramené sur notre sol.

Masséna s'obstine à répondre qu'il n'a rien fait pour favoriser l'usurpateur dans son passage ; et nous lui demandons encore une fois, nous lui demanderons éternellement, ce qu'il a fait pour s'y opposer....

La lettre du Préfet du Var, reçue dans la soirée du 3, (il l'avoue) faisait connaître l'événement fatal avec tous ses détails. Plus de doute, Buonaparte marchait lui-même à la tête des débarqués.

Que devait faire, qu'aurait fait en cet instant un Français, jaloux de remplir ses devoirs? Qu'aurait fait, à la place de Masséna, un gouverneur digne de la confiance du Roi?

Il eût rassemblé ce peuple fidèle dont il était entouré; et s'avançant devant lui : Citoyens, eût-il dit, un grand danger menace le trône et la patrie. L'ennemi du bonheur de la France a reparu: hâtez-vous! Commerçans et laboureurs, Magistrats et guerriers, Vieillards et jeunes hommes, prenez les armes, partez : Français! pour votre Roi, vous êtes tous soldats ; courez sur les traces de l'usurpateur, et faites à l'instant retentir autour de vous, un salutaire cri d'alarme. Mes troupes vont vous suivre, ou vous tracer la route que vous devez tenir.

Voilà le langage, telle eût été la conduite de l'homme qui n'aurait pas trahi.

Mais, Masséna , prévenu par la lettre du général Abbé, du débarquement d'une troupe armée, ne voit là qu'un événement de tous les jours. Tout s'ébranle , tout s'agite sur la côte épouvantée, et il se borne à demander des renseignemens plut certains!.. On lui dit que Buonaparte est là: et à ce nom terrible, à ce nom si fatal à la France, il ne saurait s'émouvoir!.. On lui annonce que Buonaparte couche à *Digne*; il voit de moment en moment croître autour de lui l'agitation et l'effroi, et il attend encore! Et il demeure incertain sur la direction que va suivre la troupe débarquée!... Et ce n'est que dix-huit heures après, qu'il met en chemin les compagnies du 83.me qui devaient partir à l'instant, puisque ce régiment était caserné dans la ville, et pouvait être rassemblé au premier coup de tambour.

Il était trop aisé de voir, dans cette marche, dans cette attitude déjà hostile, déjà usurpatrice, quelle direction allaient suivre les débarqués.... De moins pénétrans, de moins *instruits* que le Gouverneur, avaient déjà frémi de leurs sinistres progrès.

Masséna savait tout.. Qui pourrait en douter ! Et Gouverneur de la 8.e division militaire, en relation journalière et *notoire* avec des envoyés de l'île d'Elbe, qu'il ait le front de se plaindre que le ministère ni le directeur-général de la police, ne l'aient point *averti* du danger qui menaçait la France, c'est – à – dire de ce qui devait se passer sur les côtes qui bordent son gouvernement ? Certes il faut l'avouer ; c'est une dérision qui passe toute espérance. C'est une insulte sanglante à la bonté souveraine, à l'auguste confiance qui l'avait placé à la tête de la 8.e division.

Cette nouvelle fatale, il la savait au matin du 3 mars, il l'avoue ; s'il n'eût pas trouvé indigne de lui d'éprouver de plus vives inquiétudes, d'éprouver une prudente crainte, en quelques heures, il

l'eût communiquée, cette heureuse crainte, avec toute la rapidité de la commotion
électrique, par la voix du bronze, par le
tocsin retentissant, depuis Marseille, jusqu'aux Hautes-Alpes.

Vingt lieues de pays séparent Marseille
de Sisteron ; et cet espace, un courrier
extraordinaire peut le franchir en dix ou
douze heures : c'est une double vérité
qu'on ne détruira pas. Or, si des courriers
fussent partis dans la nuit du 3 au 4, ils
arrivaient à Sisteron dans la journée du
4, trente-six heures avant les débarqués.
Dans leur course rapide, ils portaient
l'ordre de rompre les ponts, d'échouer
les barques, de couper les chemins ; ils
faisaient prendre les armes aux communes de Manosque, de Gréoulx, de Riez, (1)
de Digne, et aux communes environ-
nantes, déjà, toutes ensemble averties

----

(1) Soixante des habitans de Riez, partis
spontanément, sont arrivés à Sisteron les premiers de tous, dix ou douze heures après le

par le tocsin : alors, sur les deux rives de la Durance, les flots de cette popula-, tion armée, se précipitant à la rencontre, ou sur les traces des débarqués, plaçaient cette poignée d hommes dans l'inévitable nécessité d'avancer pour combattre, ou de rétrograder pour périr.

Qu'a donc fait cet homme qui prétend se justifier ? Et les Français, qu'ont-ils fait, eux-mêmes, pour qu'on ose, jusqu'à ce point, compter sur leur stupide cré-dulité ?

Cette nouvelle que Masséna, de son aveu, savait depuis le matin du 3 mars, qu'en a-t-il fait? L'a-t-il au même instant publiée? non: il l'a gardée pour lui: le soir, seulement, elle est devenue publi-

---

passage des débarqués. Il est clair comme le jour que, si Masséna eût dépêché des courriers sur la route d'Aix à Digne, par Gréoulx et Riez, les habitans de cette dernière ville, qui sont à 9 lieues de Sisteron, par la route de traverse, allaient, sans coup férir, s'emparer du pont.

que, et toujours ce n'est pas de l'hôtel du Gouverneur qu'elle est partie. (1)

Que craignait donc Masséna? D'exciter d'inutiles alarmes? Ah! *de telles alarmes* sont-elles jamais reprochables à quiconque songe à sauver l'État?

Si le maréchal pouvait être incertain (rare concession de notre complaisance)! S'il pouvait douter un instant de la direction qu'allait suivre cette troupe, cette incertitude même ne lui prescrivait-elle pas les plus promptes et les plus effectives dispositions? Que risquait-il, encore une fois, de dépêcher des courriers et même des officiers de son état-major, vers les points principaux, vers les issues les plus remarquables de la frontière septentrionale de sa divison? Que dire, que penser des misérables raisonnements par lesquels il achève de se perdre, quand on vient à songer qu'un seul courrier, expédié à temps, pouvait sauver la France

____

(1) Elle partit de l'hôtel de la poste.

en portant l'ordre de rompre le pont de
Sisteron : chose faisable en quelques mi-
nutes.

Et que Masséna ne vienne pas nous
parler des localités ; miex que lui , nous
les connaissens, ces localités redoutables,
et mieux que nous encore , elles l'accu-
sent. Oui son arrêt de condamnation est
écrit sur ces roches qui pressent dans la
profondeur de leur escarpement, ce fra-
gile pont de Sisteron ; et désormais ;
tant que la Durance vagabonde roulera
les débris détachés du sommet des Alpes , on dira: c'est là que Masséna pouvait, en arrêtant Buonaparte, épargner
à l'Europe tant de sang, et à la France ,
tant de pleurs et de regrets.

Qu'il ne dise pas , que la rupture du
pont n'eût pas été un suffisant obstacle ;
au mois de mars , (1) la Durance n'est
guéable en nul endroit...., à nulle hauteur
de son cours ; et par une circonstance

---

(1) A cause de la fonte des neiges.

qui l'eût admirablement favorisé , les pluies des jours précédens avaient, dans les montagnes , enflé le cours de cette fougueuse rivière.

Qu'il ne dise pas que , même en supposant ce pont barré , Bonaparte n'avoit besoin ni de vaincre la résistance, ni de rétrograder d'un seul pas. Cet audacieux mensonge peut tromper un moment des étrangers qui n'auront pas sous les yeux une carte topographique du pays : mais a-t-on pu se flatter que les habitans des Basses-Alpes , eux-mêmes, en seraient dupes ? Et qu'ils passeraient sous silence une si impudente mauvaise foi ? Non lecteur, non, il n'y a pas de chemin, il n'y a pas même de sentier qui, de ce côté, permette de côtoyer la Durance. Il faut, de toute nécessité, passer le pont, ou rétrograder jusqu'à Volonne. Un rempart de rochers s'élève, inaccessible, sur le flanc droit du voyageur, dans toute l'étendue de l'espace qui sépare ce village, de Sisteron.

Qu'il cesse enfin d'invoquer à son secours ces inévitables témoins qui ne peuvent que déposer contre sa perfidie.

Qu'il cesse, surtout, de vouloir s'excuser par l'effet d'une surprise qu'il n'éprouva pas. Qu'il ne dise point, que tout repoussait l'idée d'un pareil évènement quand tout, au contraire, tendait à la propager et à la répandre ; lorsque, depuis trois mois, tout avait réveillé, sur ce fatal sujet, entretenu et alimenté la superstitieuse et cette fois trop légitime crédulité du peuple.

De nombreux émissaires, *qu'il ne protégeait pas*, parcouraient cependant, revêtant mille formes, toute l'étendue de la 8.ᵉ division, et de là se répandaient dans le reste de la France. On en vit paraître dans les moindres communes, et dans les campagnes des Bouches-du-Rhône, des Basses-Alpes et du Var. Les uns, sous le nom et l'extérieur de voyageurs étrangers, d'autres, sous le manteau du religieux des montagnes,

d'autres, enfin, sous les haillons de l'indi-
gence, semaient mystérieusement la nouvelle du prochain retour de Napoléon......
Plus d'une fois l'habitant du hameau
avait entendu avec étonnement, un
mendiant inconnu, le matin en s'éloi-
gnant de la chaumière hospitalière, payer
de cette terrible prophétie, l'asile qu'il
avait reçu la veille (1).

Mais enfin, cet événement, s'il n'avait
pu le prévoir, il venait de l'apprendre;

____

(1) Si l'autorité n'eût pas trop facilement dé-
daigné des avis qui partaient de sources obscu-
res, vingt fois la mine eût été découverte, et
le complot déjoué. Nous pouvons affirmer que,
vers le milieu de février, le Maire d'une petite
commune des Basses-Alpes, (Auraison) trans-
mit au Préfet Duval, et se méfiant avec juste
raison de celui-ci, à Mr. le directeur de la
police générale, le détail d'un conversation
entre un paysan de sa commune et un mendiant étranger, qui avait annoncé le débarquement de Napoléon pour les premiers jours
du mois de mars. Ce Maire estimable se nomme
Mr. Cogordan.

2

pourquoi donc tant d'inertie? D'où vient tant de sécurité? Pourquoi tant de délais quand la garde nationale vint s'offrir ?

Dès le 3, au soir, elle demande à marcher; la nouvelle se propage pendant la nait, l'agitation est au comble; et le matin du 4, la garde plus pressante, la garde indignée, vient demander un ordre de départ : deux fois, vous éludez sa demande par cette perfide réponse : *soyez sans inquiétude : j'ai pris toutes les mesures nécessaires.*

Et cependant, quelles mesures aviez-vous prises, Monsieur le gouverneur ? Etiez-vous alors, comme aujourd'hui, convaincu de l'impossibilité physique d'atteindre l'usurpateur ? Aviez-vous comparé les deux routes ? Aviez-vous enfin calculé tous les obstacles, et supputé la somme de toutes ces impossibilités ?

Sans doute, Gouverneur de la 8.ᵉ division, vous connaissiez la géographie des contrées dont se composait votre gouvernement. Ce que vous nous dites aujourd'hui, avec tant de détails et de précision *supposée*, vous le saviez de même alors? Pourquoi donc, ne réprimâtes-vous pas, par de si concluantes observations, le zèle impatient des Marseillais? Il fallait paraître sur votre balcon, la carte de la haute Provonce à la main, indiquant du doigt cette route présumable de Buonaparte, par *Seynes* et *Savines*, à travers les montagnes ?

Non : et ceci, lecteurs, est bien digne de remarque ; il n'a point dit aux Marseillais : c'en est fait, il nous échappe, ne songeons plus à l'arrêter ; il ne leur a pas dit : *il y a impossibilité* ; il leur a dit : Messieurs, il y a *superfluité* de moyens ; *j'ai pris toutes les mesures nécessaires ; soyez tranquilles.*

Cela peut-il signifier, *ne partez pas, par la raison qu'il est impossible de l'arrêter?* Non, cela veut dire : *ne partez pas*, je l'arrêterai.

Quand des braves vous ont offert de joindre l'usurpateur et de vous rapporter sa tête, pourquoi ne leur avez-vous pas dit : votre zèle vous égare; tel est l'espace à parcourir, il y a IMPOSSIBILITÉ.

Cet admirable élan de toute une population fidèle, ce généreux et unanime empressement, vous l'avez comprimé, paralysé, en prétextant d'abord, de l'incertitude de la nouvelle, ensuite, de vos mesures prises, et de l'inutilité de tous ces efforts. *J'ai tout prévu*, répétiez-vous sans cesse, *soyez sans inquiétude.*

– Et puisque vous aviez tout prévu, vous aviez avoué la possibilité de joindre et d'arrêter Buonaparte.... Alors, pourquoi ne pas mettre en œuvre tous les moyens et les ressources multipliées que vous aviez à votre disposition ?

Au lieu de faire marcher vos soldats par simples journées d'étape; au lieu de leur tracer un itinéraire inexact et détourné, pourquoi n'avez-vous pas fait transporter quelques compagnies en poste? Ni les chevaux, ni les voitures, ne vous auraient manqué pour une telle mesure ; et c'est ainsi , s'il vous en souvient , que fesait Napoléon....

Depuis vingt-quatre heures, vous saviez la nouvelle, quand le 83.ᵉ s'est mis en chemin ; et cependant ce régiment étoit caserné ; il était sur pied et pouvait en moins d'une heure, être prêt à marcher. Vous écriviez au comte Miollis de ramasser, dans sa route, la garde natio- nale des petites communes ; mais n'était-il pas plus naturel, et beaucoup plus facile, de faire partir cette Garde Marseillaise, toute organisée, qui vous entourait, et qui, pourvue d'armes et de courage, et ne manquant que de l'ordre que vous refusiez, rongeait, impatiente et indignée, le frein de l'obéissance, que votre qualité lui imposait !...

Le destin des États, vous le savez, dépend d'un moment ; et vous, vieux Guerrier, instruit à tous les hasards de la guerre, pouviez vous oublier qu'en de telles conjonctures, pour demeurer vraiment fidèle, comme pour vous montrer digne de votre ancienne réputation militaire, il fallait être, dans vos résolutions, célère comme la pensée, et rapide, comme la foudre, dans l'exécution ? Quel est le caractère, quel est le ton cependant, des ordres que vous transmettez aux officiersgénéraux, qui se trouvent placés sous votre commandement ? « demain, ditesvous froidement au comte Miollis, demain vous pourrez partir. » Demain! ah! vous saviez trop, qu'il n'y avait plus de demain.... Pourquoi n'avez-vous pas rassemblé et fait partir toutes les brigades de gendarmerie, qui se trouvaient à votre portée, alors surtout qu'un *officier* de cette arme, vous avait offert de joindre l'usurpateur, et de rapporter sa tête?....

Il fallait attendre, disiez-vous à ces braves... *Il fallait attendre des renseignemens plus certains :* quoi, l'usurpateur était descendu sur nos rivages! il s'avançait comme un maître irrité qui rentre en vainqueur dans tous les droits de sa tyrannie reconquise, et vous n'étiez pas assez instruit ! Il s'avançait vers les Alpes françaises, et vous attendiez encore ! Et il fallait que la menace terrible d'un peuple indigné, vous arrachât ce tardif consentement que vous donniez à ces généreux efforts, désormais inutiles ?...

Que fesiez-vous cependant, lorsqu'enfin partaient vos troupes et cette garde nationale fidèle ? Pourquoi ne vous vit-on pas à la tête de vos bataillons ? Vieux général qui tant de fois conduisîtes les Français au combat, pourquoi ne pas montrer leur chef à vos troupes ? Pourquoi ne pas faire retentir à leurs oreilles, les mots sacrés de fidélité et d'honneur ? Pourquoi ne pas opposer à la terreur prestigieuse et fatale du nom de *Napoléon*, toute la puissance et toute la magie des noms sacrés de Roi et de Bourbon ? N'était-ce pas assez de Napoléon pour faire lever Masséna ! Vous étiez accablé de vos maux, dites-vous ? Mais Marseille entière vous entendit, paraissant sur votre balcon, crier d'une voix forte et sonore: *Braves Marseillais : ne craignez rien ; je suis et je reste parmi vous : comptez sur moi.*

Un tel langage en face de l'épouvante publique , dénote-t-il un malade qui succombe à ses infirmités? Est-ce ainsi que s'exprime une ame atteinte de langueurs? Un esprit énervé par les souffrances du corps, annonce-t-il cette résolution et cette énergie ? Non, et nous le répéterons toujours, car telle est l'intime conviction, qui pénètre nos âmes : s'il vous avait fallu combattre un Bourbon, votre santé eût été assez forte, votre âme assez active , votre tête assez féconde, et vos ressources assez étendues. Ni retards ni délais, point d'obstacles : et vous n'auriez eu garde , surtout, de compter sur les soins et les efforts des gens que vous n'aviez pas prévenus ; vous n'auriez pas compté sur les habitants des Basses-Alpes, que vous aviez laissés dans la plus complette ignorance ; en vrai général et en sage gouverneur, vous n'auriez rien laissé au hasard de ce que pouvait lui ôter la prudence ; et vous auriez marché de votre personne ; et vous auriez dit à vos soldats : « enfans, le voici, ce vieux fils de la victoire : courons, dévorons l'espace, écrasons notre ennemi. »

N'avez-vous pas écrit au comte Miollis, d'envoyer des émissaires pour joindre la troupe de l'île d'Elbe, et s'instruire de la route qu'elle allait tenir ? On pouvait donc la joindre cette troupe!....

Et ne faites-vous pas involontairement le même aveu, quand vous vantez la fidélité des officiers et des soldats qui se trouvaient sous vos ordres? Pourquoi les vanter? Si Buonaparte était trop loin pour qu'il fût possible de le joindre, vos officiers et vos soldats ont fait de *nécessité, vertu*! .. Que leur aurait servi de sitôt manifester leur pensée au milieu d'une population, dont l'attérrante énergie était pour les plus hardis d'entr'eux, un juste sujet d'effroi ! Qu'est-ce à dire,

·maréchal! les traîtres, selon vous, mar-
cheraient-ils mieux que ceux qui ne
trahissent pas ?......

Vous osez vous vanter d'avoir fait *des
dispositions* avant que la Garde eut offert
ses services? Mais il fallait la ·prévenir
cette Garde, à l'instant même où la nouvelle fatale vous fut connue : Vous lui
avez dit le 3, il est trop tôt, et quand
vous les avez laissé partir, il était déjà
trop tard : et c'est malgré vous enfin, que
le six au matin seulement, 600 hommes
se sont mis en route.

Combien de misérables stratagêmes
n'imaginâtes-vous pas, pour donner un
frein à leur ardeur, pour attiédir leur
zèle, ou tout au moins, pour en retarder
les effets. Dans la soirée du 5 un bruit
se répandit que Buonaparte battu aux en-
virons de Grenoble, était ramené captif,
vers Marseille. Vos agens accréditaient
ce bruit, vous feignîtes d'y croire... Mais,
maréchal, de quelle source venait-il ?

Cessez donc de parler de ce simulacre

de dispositions ; vous n'avez rien fait de ce que vous deviez, de ce qu'il était naturel et facile d'exécuter; et quand vous tirez avantage des apparences d'une sorte de lâche neutralité, il nous est aisé de vous prouver, que vous avez fait pour l'usurpateur tout ce que vous pouviez, et tout ce qu'un *bon traître* devait faire. Et d'ailleurs, pour avoir su dissimuler ou modérer votre dévouement à l'usurpateur, en avez-vous moins trahi votre maître légitime, avec une suffisante lâcheté ?

Vous ne l'avez point suivi, dites-vous, sous les murs de Grenoble ? Mais il était de son intérêt et du vôtre, de prévenir la diversion puissante qui devait, vous le saviez bien, avoir lieu dans le midi. Auriez-vous proclamé Buonaparte le souverain le plus légitime à la nouvelle, de son débarquement ? Non, vous et vos soldats, à l'instant même eussiez été victimes de la juste fureur du peuple fidèle, qui vous environnait ; et qui déjà vous observait avec le doute violent qu'inspiraient tant de circonstances, réunies dans votre inexplicable conduite. '

Ne faites pas valoir la résistance de la garnison d'Antibes ; elle fut indépendante de vos ordres, comme de votre volonté.

Nous le répétons ; demeurer dans une attitude négative, c'était devenir très-criminel ; ne pas agir, c'était réaliser toutes les espérances de l'usurpateur.

Que vous servirait d'ailleurs, de prouver que votre trahison fut calculée avec moins de dévouement pour Buonaparte, que de précautions et de sûretés pour vous-même ? . . .

Tous savent, que Buonaparte ne rentra point en France de ses forces et de son courage ; qu'il y fut rappelé par une faction puissante ; qu'il n'y rentra qu'avec son sceptre de fer tout mutilé, et que chacun des acteurs du complot qui prépara son retour, avait pu faire ses conditions particulières, alors que tous ensemble lui diclèrent des lois. Chacun d'eux avait pu lui dire : je ne trahirai que jusques-là. Je cacherai ma trahison jusqu'au moment où la fidelité ne sera plus que de la vertu toute seule ; je me réserverai le moyen de désavouer ma lâcheté, si le succès ne la légitime pas.

En effet, les avantages de cette transaction étaient éventuels pour les traîtres, tant que Napoléon n'aurait pas une autre fois triomphé de toute cette Europe qui allait se lever puissante, et marcher de nouveau contre lui.

Et parce qu'ils auraient trahi des deux côtés, et parce qu'ils auraient été doublement perfides, il est des hommes qui se prétendent innocens ?.. Et parce qu'ils ont comblé la mesure de la déloyauté et de la vileté, ils osent se dire nobles et vertueux? Et parce qu'ils ont spéculé, en riant, sur toutes les chances présumables, ils se croyent en droit de parler, comme des heros?...

Ah! ce magnifique langage d'honneur

et de gloire , du Maréchal Prince d'Essling; contraste trop odieusement avec la conduite dernière , et toute la vie de Masséna : c'est une horrible dissonnance , elle afflige les yeux et les oreilles; et s'il est au monde quelque chose qui soit capable de détruire le prestige des exploits belliqueux , c'est, il faut le dire, l'usage que vous faites de vos trophées militaires pour voiler votre turpitude présente... C'est une erreur, l'orgueil vous égare.. Rejettez ces lauriers, maréchal; ils étaient souillés déjà; et tous vos efforts n'aboutiront, qu'à couvrir la honte par la honte.

C'est peu, toute fois; le maréchal ose prétendre encore nous donner pour preuves de sa fidélité, les derniers témoignages de sa perfidie!... Il atteste sa conduite depuis les progrès de l'usurpateur par delà de les frontières de son Gouvernement.

Que verrons-nous dans cette conduite? Laisse-t-il un plus libre développement au zèle des départemens qui composent sa division. Dirige-t-il leurs efforts ? Trouve-t-on un plan bien coordonné de prochaine résistance ? Est-il prêt à profiter de la première chance favorable, du premier revers de l'usurpateur? Achève-t-il une organisation régulière des gardes nationales et des corps francs ?

Rien de tout cela ne fut fait. Les nombreuses gardes nationales des Basses-Alpes et du Var, organisées par la fidélité et le courage, reçurent l'ordre de retourner dans leurs communes respectives, pour s'organiser *plus régulièrement.* Alors on vit rentrer indignés de se voir inutiles et paralysés par la perfidie, tous ces hommes qui pour combattre et se montrer fidèles, avaient abandonné leurs rustiques travaux. Miollis secondant merveilleusement Masséna, loin de s'avancer vers Gap, à marches forcées, consomma son temps à Sisteron en revues inutiles. Il s'amusait par une dérision, dont il n'eut pas seul tout le secret, à examiner les fusils des gardes nationales, à en comparer les calibres, leur promettant des cartouches faites exprès pour s'adapter à cette diversité de proportions. (1) On le vit chercher à ébranler la fidélité de tant de braves gens réunis, en laissant voir à son chapeau la cocarde tricolore. Cet artifice odieux, mais grossier, fut rejeté sur l'effet d'une distraction.

Alors commença de la part des troupes de ligne, cette défection à laquelle il était trop naturel de s'attendre. Les troupes que commandait dans les Hautes-Alpes, le général Rostollan, séduites

____

(1) Ceux qui ont assisté à quelques-unes de ces revues, peuvent se rappeler que le général Miollis prenait dans ses mains, examinait avec l'apparence d'un soin scrupuleux, le fusil de chaque paysan, et ne manquait guère de l'ajuster à son épaule, pour mieux juger du service que l'arme pouvait faire ; mais un petit rire sardonique, qui lui échappait, en couchant en joue, faisait naître de singulières réflexions dans l'esprit des spectateurs.

par des *émissaires*, dit le maréchal, pas-
sèrent à l'ennemi.

Masséna pouvait prévenir ce premier et
funeste exemple d'une lâché désertion ;
il pouvait du moins, par sa présence,
empêcher qu'il ne devînt contagieux. La
présence, les regards et les discours
du chef peuvent tout sur l'esprit du soldat; et malheureusement aucun des offi-
ciers-généraux, qui se trouvaient alors
sur le passage de l'usurpateur, n'avait
un nom militaire, un ascendant per-
sonnel de caractère ou de renommée,
capable de balancer l'effet inévitable,
attaché au nom de Napoléon. Masséna
lui seul, pouvait opposer au torrent
une digue suffisante. Lui seul pouvait
tenir ce langage :

« Soldats ! j'ai servi, combattu, vaincu
pendant quinze ans, sous les ordres de
l'homme dont le nom comme celui d'un
terrible génie, a la vertu de vous ébranler encore. Mais il n'est plus mon maître,
ni le vôtre. Une abdication volontaire

sépara, naguères, ses intérêts de ceux de la France. Il nous rendit nos ser-ments; et par des serments nouveaux et plus légitimes, nous engageâmes aux Bourbons notre foi toute entière. Sol-dats! L'Aigle parjure et ravisseur, ne rapporte en ce jour au sein de la France, que les brandons de l'affreuse guerre civile. C'est à vous de détruire ce sanglant espoir. Repoussez des sugges-tions coupables, demeurez fidèles! ne cessez pas d'être Français. Pour vous, ô Guerriers, il n'est plus désormais de gloire possible, que dans la résolution de combattre et de mourir pour votre Roi. Si vous deviez trahir... soldats! com-mencez donc par creuser la tombe de votre vieux Général ; sacrifiez moi ; que je sois la première victime et le premier gage de votre perfidie ; allez, et ma tête à la main, demandez votre salaire.»

Ces paroles, ô maréchal, ces paroles vaines ici, et fiction inutile, auraient eu dans votre bouche une magique

puissance. L'histoire de nos jours, fière de
les raconter , les aurait avec soin enre-
gistrées , pour servir d'exemple à la dernière postérité ! Quelle rare occasion
vous avez manquée de vous immorta-
liser !. Quelle perte immense de gloire
vous avez faite, parce que vous l'avez
bien voulu!..... L'influence de l'exemple
de fidélité, que devait donner le gouverneur de la 8.ᵉ division , est incalculable.
Et si Grenoble eût résisté, Lyon se serait-il
tant pressé de courir au devant de la
tyrannie et de la honte ? Non sans doute.
Au lieu de ce vertige malheureux de
rebellion , le midi eût été témoin d'un
enthousiasme général de fidélité. L'en—
traînement pouvait exister dans le sens
contraire : la vertu même , n'en doutons
pas, LA VERTU SOUVENT A SA CONTAGION,
et nous devons le remarquer pour
l'honneur du caractère national, toujours
les âmes françaises s'allumèrent plus
facilement au feu brillant des nobles
exemples , qu'aux torches funèbres

de la révolte et du parjure sinistre.

Le maréchal asservissant le plan de sa défense, à un ordre méthodiquement chronologique, semble parcourir les diverses époques de sa conduite, avec le calme parfait du chevalier sans *peur et sans reproche*. Et tandis que le plus vertueux des mortels peut craindre, ainsi l'annonce une sagesse religieuse, peut craindre, en ramenant ses regards sur la carrière qu'il vient d'achever, de trouver des traces d'erreur et de faiblesse, dont il aurait à rougir, Masséna s'avance au devant des traits qui lui sont destinés, comme s'ils devaient expirer sans force sur l'égide de son *inattaquable* renommée ; *integer vitæ sceleris que purus.*

Il est justifié, dit-il ; il nous a montré son innocence ; que lui reste-t-il donc à faire, que d'en demander le prix ? Ce prix, il le tient déjà des hommes les plus respectables, des magistrats, du peuple même de Marseille. Enfin il fut assez heureux pour obtenir, en faveur de sa conduite , des témoignages qui doivent completter la conviction sur sa fidélité. Il fut loué de son zèle , de son dévouement et de ses efforts, par le Prince que nous l'accusons d'avoir déloyalement vendu, par MONSEIGNEUR LE DUC D'ANGOULÊME....

Nous ne prendrons pas la peine inutile de discuter la valeur des témoignages de confiance et d'estime des Autorités de Marseille. L'auteur de la lettre d'un Marseillais au Maréchal, ne nous a rien laissé à dire à cet égard ; et dans cet écrit remarquable, l'indignation d'une âme vertueuse et vraiment française, se voilant sous les formes d'une élégante urbanité, verse à grands flots l'ironie piquante et le ridicule le plus amer sur ces témoignages, dont personne n'aurait imaginé que le maréchal eût osé faire usage : il prouve à Masséna , que toutes ces attestations n'attesteront que le fatal empire des circonstances, et les inévitables concessions que des hommes

fidèles et fermes , furent obligés de faire
aux plus odieux abus de la force et de
la trahison armée de la terreur. En effet,
c'est du 11 avril que la délibération du
Conseil Municipal est écrite et datée ;
et c'est du 14 du même mois, c'est trois
jours après, que le maréchal écrit lui-
même de son repaire de Toulon , pour
ordonner que partout dans Marseille ,
soient arborés à l'instant les signes de la
tyrannie renaissante ; pour promettre,
à cette cité fidèle , le sang et les flam-
mes , et toutes les fureurs du soldat indigné..... O raison ! où sont tes lois dans
les conseils du maréchal? était-il donc
si difficile à ces apologistes de prévoir
un rapprochement de dates trop déci-
sif. sur l'article des attestations et des
certificats ?....

Pour qu'il fût permis à *Masséna* de
tenir le langage qu'il tient aujourd'hui,
il faudrait du moins, qu'il eût mis un
peu plus d'art dans sa conduite. Il parle
des soins qu'il prit depuis l'arrivée du

Prince pour entretenir et réchauffer le zèle des Marseillais? Eh bien : n'était-il pas naturel qu'il donnât des éloges à ce zèle qu'il aurait eu le droit de considérer comme le résultat de ses efforts et de son exemple? Ne devait-il pas honorer cette fidélité touchante, et ce courage malheureux, s'il en avait, ainsi qu'il le dit, partagé l'honneur et les dangers? Et ces paroles enfin ne devaient-elles pas se trouver dans sa bouche : « ensem- » ble nous résistâmes, ô braves Marseillais! » Cédons ensemble, puisque tel est » l'arrêt de Dieu. » Mais tout au con- traire, il dit avec une dure insolence : « Ville rebelle, soumets-toi: hâte-toi de » t'humilier, ou cesse d'exister. » *Je marcherai avec de l'artillerie et suffi- samment de troupes : plus de délai : Mar- seille se soumettra, si elle ne veut éprou- ver tous les effets de la colère du soldat justement indigné.*

Que dirons-nous maitenant des témoi- gnages de l'estime et de la *confiance* de Monseigneur le duc d'Angoulême ? Que prouvent-ils ?

Ils ne prouvent que l'insensibilité de votre âme, et la grandeur de celle qui se confia à vos fallacieux sermens. Il était tout simple, que le Prince vous comblât des marques de sa confiance, soit qu'il y crût pleinement, soit qu'elle lui parût douteuse. Mais dans un noble cœur, comme dans une tête saine, tout ne repoussait-il pas l'idée de votre trahison ? Quelle était votre situation sous le Roi, quels étaient vos intérêts, et sans parler du passé, qui de LOUIS XVIII, ou de l'usurpateur, vous promettait un meilleur avenir ?

Tout vous conseillait la fidélité, et tout devait vous retenir dans le chemin du devoir. Échappé, avec la nation entière, d'un maître rigoureux, et sous lequel, ni vos exploits, ni votre grande opulence, ni vos cheveux blancs enfin, ne vous garantissaient même cet inter-valle de repos et de paix que tout homme aime à trouver entre les agitations de la vie et l'irrévocable sommeil du tombeau, vous respiriez d'une liberté inespérée. Vous n'aviez plus à redouter cet orgueil dominateur et jaloux qu'importunèrent toujours les souvenirs de toute gloire qui n'était pas la sienne. Vos dures chaînes étaient brisées et remplacées par le joug le plus léger et le plus doux. Ces titres si beaux de Maréchal de France et de Prince, et vos richesses, sans remonter à leur impure source, tout vous restait, tout vous était garanti par la présence et les bienfaits du Roi. L'antique monarchie de France venait de sanctionner en vous les conquêtes de la révolution, et désormais, appuyé sur les institutions et les souvenirs du passé, vous touchiez heureusement à l'avenir, franchissant ainsi, dans l'histoire, sous la protection des Lis, cet intervalle déplorable d'orages où un peu de gloire fut mêlée à tant de deuil, et une rare illustration à une infamie si commune.

Le Roi de France donnait le nom de son *Cousin* au Maréchal Masséna : qu'est-ce donc que Masséna pouvait souhaiter encore ? En trahissant, vous avez menti à toute saine logique ainsi qu'à la vertu ; vous avez désorienté les observateurs du cœur humain, et confondu tous les sages qui assignent des principes constans et des lois fixes à l'organisation morale de l'homme. Vous avez aimé la trahison pour la trahison même ; vous avez été séduit par ses affreux attraits.

Le prince vous a cru fidèle, parce qu'il était dans l'ordre que vous le fussiez ; il vous a donné des marques expressives de sa confiance et même de son affection ; il vous a comblé de tout ce que la faveur de la part du pouvoir suprême, peut offrir de plus flatteur et de plus doux, pour vous environner de l'*impossibilité* de trahir ; enfin il vous a cru vertueux, et il vous payait par avance le prix de votre vertu.

Il vous écrivait le 27 de mars, et vous

remerciait de ce que vous n'aviez pas fait, pour que vous fissiez quelque chose. Mais pourquoi avez-vous refusé le commandement général des troupes, quand il voulait vous le donner? Il vous appelait à son quartier-général, pourquoi ne pas vous y rendre? Avez - vous pensé que vos lecteurs ne remarqueraient pas la différence qui existe entre les deux lettres du Prince? la première vous appelle à lui , l'autre répond à votre refus; et, du parallèle de ces deux missives, résulte une interprétation des secrettes pensées du Héros, qui ne saurait vous être favorable. Le respect nous défend de développer cette interprétation qui se présente d'elle-même : mais il est trop aisé de voir qu'un secret pressentiment et une inquiétude généreusement dissimulée , luttaient au fond de son âme contre cet excès d'une bonté toujours victorieuse. Enfin il voulait vous avoir auprès de lui , et vous refusâtes de vous y rendre. N'étiez-vous pas transportable à son quartier-général? Etiez-vous donc au lit de la mort ? Plût au Ciel !.. Mais vous étiez trop vivant pour le malheur de la France....

N'est-ce pas un rare et frappant hommage rendu à la magnanimité d'un Bourbon, que cette témérité de Masséna à produire en sa faveur les lettres de Monseigneur le duc d'Angoulême? Ce Prince, s'est dit le vieux Maréchal, ce prince généreux, quelle que soit son intime conviction, est trop grand pour me démentir aujourd'hui..... Non, il ne m'accablera pas.... Il est vrai, Maréchal : on ne risque guères de se tromper, quand on spécule sur la bonté des héros de cette race chérie. Mais LES DROITS DE LA VÉRITÉ SONT DU DOMAINE UNIVERSEL; et dans ce qui touche si vivement les intérêts de la patrie, nous pouvons nous permettre de parler..... On peut se permettre de comparer ces lettres du PRINCE, non seulement avec votre conduite antérieure, mais bien mieux encore avec votre conduite depuis. Eh bien ! qu'avez – vous fait depuis ? Où sont les preuves de cette fidélité jusques là si mensongère ? Quels sacrifices avez-vous consentis pour garder votre foi ? Par quelles marques expressives et véritables votre haine pour la tyrannie et votre amour pour un Roi légitime, se sont-ils manifestés ? Avez-vous suivi ce Monarque dans son exil ? Le servir et le défendre, combattre et mourir à ses côtés, c'était là le devoir, c'était l'honneur et la gloire, et ce fut le parti que n'hésitèrent pas à prendre les Clarke, les Bellune et les Marmont.

Non, vous êtes resté ; vous êtes devenu l'instrument dévoué des volontés du tyran, et presque l'exécuteur de ses vengeances. Vous avez siégé dans la chambre des pairs ; vous avez commandé la Garde Nationale de Paris ; enfin, à cette époque, vous n'avez pas fait un pas, vous n'avez pas prononcé une parole et publié un ordre du jour, qui ne fût une profession de foi nouvelle en faveur du culte de cette tyrannie abhorrée , dont vous veniez de faire l'apothéose dans Toulon , en promenant sur un char , et proclamant le plus grand des humains , le maître le plus légitime , le plus doux des vainqueurs , *cet homme de l'île d'Elbe.*

Et les voilà , dites-vous , ce sont là précisément les sacrifices que j'ai faits à mon pays et à mon Roi ; c'est par là que j'ai attesté ma fidélité.. Ainsi donc, Maréchal , nouveau *Zopyre* , vous n'avez pas craint de vous défigurer pour mieux servir votre Roi et la France : plus dévoué que cet esclave persan, et plus loin encore que lui, portant l'héroïsme de la bassesse , vous vous êtes soumis aux terribles conséquences d'une mutilation morale irréparable .!.. Oui, Maréchal , irréparable ; car ces efforts d'une surnaturelle vertu , vous ne les persuaderez jamais à ce grand nombre de vulgaires humains , dont nous fesons partie.

Non Maréchal: vous ne persuaderez à personne que vous ayez eu un seul mo-

ment la pensée de remplir vos obliga-
tions; non, le sentiment du devoir ne dicta
pas une seule de vos démarches. Dans votre
conduite, tout, au premier aspect, décèle
une lâche duplicité ; de toutes parts on voit
transpirer une dégoûtante perfidie...... et
que serait-ce si nous examinions plus
soigneusement encore tous les détails de
cette conduite ; si nous fesions voir au
grand jour tout ce qui fut confié aux ténè-
bres ? si nous racontions et ces relations
continuelles avec les plus vils suppôts de
la faction qui préparait le retour de l'ex-
ilé, et ces visites nocturnes, et ces con-
ciliabules criminels qu'un mystère rigoureux défendit mal des regards du
peuple qui vous entourait; et ces propos
échappés dans la chaleur d'un libre en-
tretien où votre âme se peignait en
dépit d'elle-même ; et cette longue con-
férence de vos agens, de VOTRE FILS, avec
l'émissaire PONS que vous emprisonnâtes
pour le protéger ; que vous accueillîtes
non pas en ennemi, non pas en homme

(48)

dangereux, mais en ami, en complice ?
que serait-ce si nous comparions vos diverses proclamations et vos ordres du jour
des deux époques ? si nous analysions ce
rapport à Buonaparte , acte d'accusation
complet, par vous dressé contre vous
même.

Mais les faits qui vous condamnent
sont assez connus. L'auteur recomman-
dable de la réponse des Marseillais vous
a accablé sous la masse des preuves. Son
écrit digne de conserver des matériaux à
l'Histoire, est un éclatant faisceau de
traits de lumière : il portera la conviction dans l'âme de tous ceux qui pour-
raient douter encore de votre crime.

Pour nous , dont la plume ne craignit
pas d'être LE PREMIER ET PUR ET LIBRE
ORGANE de l'indignation publique, que
nous reste - t - il à dire maintenant ?
Nous n'exprimerons plus le vœu désormais inutile de voir dans les rigueurs
de la loi une plus équitable répartition
que dans les faveurs du pouvoir. Nous

saurons respecter les volontés du Monarque. Et toutefois, nous oserons redire : ce jeune Labédoyère qui racheta son égarement par l'héroïque fermeté de son trépas, par le vœu, le noble vœu qu'il exprimait en mourant, de verser un sang encore utile à sa patrie, cet infortuné guerrier, promis à de meilleures destinées, eut le droit de vous imputer, en tombant, son crime et son supplice.

Et vous vivez cependant ; et vous êtes Maréchal de France et Prince d'Essling. Maréchal de France ! O Catinat ! O Villars ! Combien doivent s'indigner vos ombres généreuses, en voyant dans quelles mains a pu tomber l'héritage de vos honneurs ? Héros qui fîtes la gloire du grand siècle, que les temps sont changés, et de quelle surprise seraient frappés vos yeux, si, rappelés un moment du sein de l'autre vie, vous veniez à considérer le déplorable spectacle que doivent offrir tant d'égaremens et de douleurs ? Mais que diriez-vous en voyant le crime prétendre marcher de pair avec la vertu et partager le même rang et les plus éclatantes prérogatives ? en voyant le parjure sanglant lever sur nos ruines une tête insolente, et le Gouverneur de la 8e division, l'homme qui causa tous nos maux, qui signa l'ACTE PARRICIDE et proclama l'exclusion irrévocable des Bourbons, s'asseoir parmi les Clarke, les Victor, les Marmont, les Oudinot, les Macdonald, dignes *émules* de vos vertus! Ah? sans doute, il serait à craindre que la distinction nécessaire du bien et du mal ne vînt à s'effacer parmi nous, et qu'on nous vît déserter la route de l'honneur et de la fidélité, si par celle de la trahison, on pouvait arriver au même terme.... Vous regretteriez pour nous cet heureux discernement, cette souveraine vigilance qui jadis... Arrêtez-vous, ombres héroïques : reconnaissez dans celui des Bourbons qui règne aujourd'hui, le véritable héritier des vertus et du génie du grand Roi. Il a pu satisfaire

ensemble et sa clémence et sa justice. .
Il a laissé faire une autre Puissance. Cette
Puissance dont les arrêts sont plus irré-
vocables et plus terribles que ceux de
la loi dans toutes ses rigueurs, l'opinion,
cette reine du monde, a – t – elle cessé
d'exercer parmi nous son redoutable
empire? non sans doute. Eh bien, c'est
envain, que sous le rempart d'un pardon
immérité, de grands coupables pensent
jouir impunément du fruit de leurs for-
faits. Ravis au glaive de la loi, ils restent
accablés sous le poids du mépris public,
et c'est assez pour la vengeance nationale.
Français fidèles? vos jours sont au Roi
et à la patrie, mais on ne peut com-
mander à votre estime.

Ainsi donc, Monsieur le Maréchal
Masséna, nous n'envions point, comme
vous avez pu le croire, vos titres ni vos
honneurs. Ces dignités, ces honneurs,
dont vous paraissez trop vain, nous sa-
vons les respecter sur d'autres têtes,
et nous ne les envions pas. Vos ri-

chesses auraient encore moins de quoi nous séduire, sur-tout au prix qu'elles vous ont coûté..... Inutiles trésors qui ne peuvent ni vous rendre les respects perdus de la nation, ni ranimer en vous les restes languissans d'une vie qui s'éteint, ni faire taire la voix de vos accusateurs, et encore moins étouffer le cri de votre conscience...... Vains et malheureux trésors qui ne peuvent que payer d'infructueuses apologies !

Ils peuvent encore soudoyer des sicaires........ frappez.........

Nous n'éviterons jamais, par un lâche désaveu, les eflets de votre ressentiment ; mais sachez que ceux qui vous ont accusé COUPABLE, vous auraient, INNOCENT, défendu avec bien plus d'empressement et d'énergie ; et que, dans l'irréprochable obscurité qui les environne et dont ils n'aspirent pas à sortir, ils rendent un culte d'amour ardent et pur au ROI, à la PATRIE et à la VÉRITÉ.

FIN.